글 김유리

어린이책 기획, 번역 모임인 '자운영'에서 글을 써 왔습니다.
쓴 책으로는 〈조앤 롤링, 상상력과 희망으로 꿈을 이뤄라〉, 〈비타민 선생님의 위대한 식탁〉,
〈눈으로 읽는 우리 고전 창선감의록〉, 〈키루키루키쿠루 발 냄새가 지독해〉, 〈세상에서 가장 멋진 일〉 등이 있습니다.
번역한 책으로는 〈여행을 떠날 거예요〉, 〈물개소녀 셀키〉, 〈난폭한 지구〉 등이 있습니다.

그림 배슬기

대학에서 시각디자인을 전공하고 현재 동화 일러스트레이터와 광고 일러스트레이터, 북 디자이너로 활동하고 있습니다.
일러스트 그룹 '구구단'에서 활동하며 정기적으로 재미있는 동화 전시회에 참여하고 있습니다.
그린 책으로 〈내 마음을 표현한 그림 찾기〉 등이 있습니다.

감수 신항균

성균관대학교 대학원 수학과를 졸업했습니다.
공군사관학교와 우석대학교 교수를 역임했고,
미국 애리조나 주립대학교 수학과 교환교수로도 활동한 바 있습니다.
지금은 서울교육대학교 수학교육과 교수로 재직 중이며,
동 대학교 초등수학교육연구소장으로 있습니다.
또한 서울교육대학교 영재교육원 운영위원으로도 활동하고 있습니다.
초등학교와 중학교, 고등학교에 이르기까지 수학교과서 집필책임교수로 활동했고,
저서로는 〈수학사와 수학이야기〉, 〈클릭 수학나라〉, 〈영재들의 1등급 수학교실 시리즈〉가 있습니다.

1단계 어제 오늘 내일 15

썩은 이가 쏙

글 **김유리** 그림 **배슬기** 감수 **신항균**
펴낸곳 **(주)아람키즈** | 펴낸이 **이소영** | 주소 **서울특별시 성동구 성수이로 147 아이에스비즈타워 2F**
고객센터 **1644-4521** | 팩스 **02-468-5548** | 홈페이지 **www.aramkids.co.kr** | 출판등록 **제2020-000011호**
기획 편집 디자인 **(주)아람키즈 하늘땅**
ISBN **979-11-6543-556-1 979-11-6543-509-7(세트)**

- 눈을 편안하게 해 주는 친환경 식물성 원료인 콩기름 잉크로 인쇄하였습니다.

⚠ 책 모서리가 날카로워 다칠 수 있으니 사람을 향해 던지거나 떨어뜨리지 마십시오.
⚠ 종이에 베이거나 긁힐 수 있으므로 주의해 주십시오.

썩은 이가 쏙

글 김유리 · 그림 배슬기 · 감수 신항균

아람키즈

아까부터 자꾸 *이가 아파.
거울을 보니 이 하나가
까매졌지 뭐야.

엄마가 알면 ***치과**에 가자고 하겠지?
아니야, 한 밤 자고 나면 안 아플지도 몰라.

어, 한 밤 잤는데도 아프잖아.
이가 아프니까 친구들과 놀기도 싫어.

이가 아프니까 밥도 잘 못 먹겠어.

으앙, 밤이 되니까 볼이 토마토처럼 빨갛고 ***빵빵해졌어.**

내 얼굴을 보고 엄마는 깜짝 놀랐어.

"언제부터 이랬니?"

"한 밤 자기 전부터."

"한 밤 자기 전? 어제를 말하는 거구나.

오늘 전날을 ***어제**라고 하는 거야."

오늘은 이가 너무너무 아프고
볼이 빵빵해졌어.

어제는 이가 살짝 아팠어.

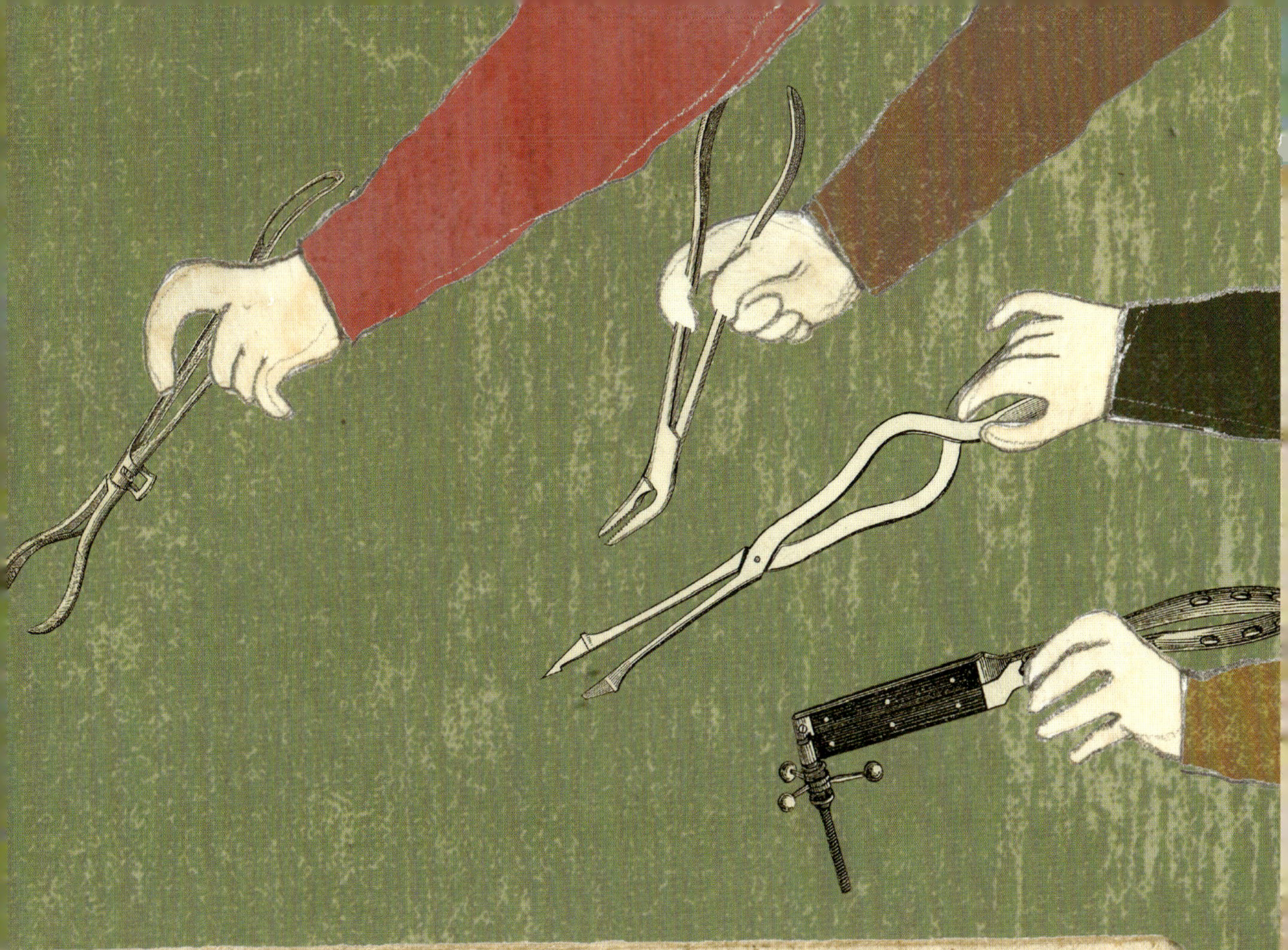

"* **오늘** 치료를 받았으면 이가 안 아팠을 텐데."

"치과는 무섭단 말이야."

"그래도 내일은 꼭 치과에 가야 해.

오늘 밤만 자고 나면 * **내일**이야."

치과는 정말 정말 가기 싫은데 어떡하지?

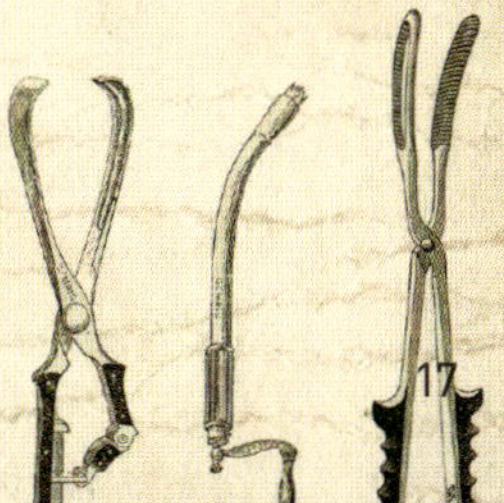

내일은 볼이 뻥 터져 버릴지도 몰라.

한 밤 또 자고 났더니 이가 더 아파.

할 수 없이 엄마 손을 잡고 치과 의자에 털썩!
"아~ 해 보렴! 선생님이 입 속에 있는 벌레를 잡아서 보여 줄게.
한 번에 잡을 수 있게 입을 크게 ***벌려야** 해."
앗, 어느새 썩은 이가 쏙!

우아,

내 이가 다 나았어!

이젠 치과에 가는 게

무섭지 않아.

엄마가 보기

어제, 오늘, 내일을 알아보아요

숫자에 순서가 있듯이 시간에도 순서가 있답니다. **어제, 오늘, 내일도 시간의 순서**라고 볼 수 있지요. 시간은 만지거나 볼 수 없는 추상적인 개념이라 아이가 이해하기 어렵습니다. 따라서 아이가 시간의 흐름을 경험하고 이해하기 쉽게 일상생활 속 순간들을 시간과 관련지어 이야기하는 것이 좋습니다.

예를 들어 "**어제** 어떤 색 옷을 입었더라?", "**오늘** 엄마랑 가고 있는 곳이 어디지?", "**내일** 무엇을 하기로 했지?"처럼 아이와 대화할 때 시간과 관련된 단어를 자주 사용해 주세요. 더불어 어제와 내일은, 각각 오늘을 기준으로 지나간 날과 다가올 날이라는 점도 알려 주세요. 아이와 하루 동안 시간별로 하는 활동을 정리하거나 그려 보게 하는 것도 시간 개념을 형성하는 데 도움이 됩니다.

아이가 보기

썩은 이가 어떻게 변했을까요?

어제부터 이가 아프기 시작했어요.

오늘은 이가 너무 아파서
친구들과 놀지도 못했어요.

내일 치과에 다녀오면 싹 나아서
친구들하고 신나게 놀 수 있겠지요?

아이와 함께 하기

토끼의 어제, 오늘, 내일을 살펴보아요

토끼가 들판을 뛰어다니며 겨울 동안 먹을 것을 모으고 있어요.
이제는 겨울이 찾아와도 걱정이 없겠지요?

어제는
당근 3개를 모았어.

오늘은
무 1개를 모았어.

내일은
호박 5개를 모을 거야.

알맞은 그림과 연결해 보아요.

어제 토끼가 모은 것은 무엇인가요?

오늘 토끼가 모은 것은 무엇인가요?

내일 토끼가 모을 것은 무엇인가요?